Peter Scholl-Latour

ASIEN
Ein verlorenes Paradies

Fotografiert
von Josef Kaufmann

GOLDMANN VERLAG

Die Fotos dieses Buches sind auf Reportage-Reisen
in den Jahren zwischen 1971 und 1983 entstanden.
Die Aufnahmen aus Hongkong stammen aus dem Jahr 1989.

Der Goldmann-Verlag ist ein Unternehmen
der Verlagsgruppe Bertelsmann

Made in Germany · 1. Auflage · 8/92

Genehmigte Taschenbuchausgabe
© 1990 by Rasch und Röhring Verlag, Hamburg
Umschlaggestaltung: Design Team München
Umschlagfotos: Josef Kaufmann (Hintergrund)
und Thomas Gutberlet (Peter Scholl-Latour)
Repro: Lorenz & Zeller, Inning
Satz: Filmsatz Schröter GmbH, München
Druck: Wenschow, München
Bildunterschriften: Hans-Helmut Röhring
Verlagsnummer: 12323
DvW · Herstellung: Martin Strohkendl
ISBN 3-442-12323-2

Ein verlorenes Paradies 6

Bildteil

Nepal _____ 43
Tibet _____ 55
China _____ 69
Hongkong _____ 99
Korea _____ 103
Philippinen _____ 115
Indonesien _____ 123
Vietnam _____ 133
Kambodscha _____ 145
Laos _____ 155
Burma _____ 165
Thailand _____ 173

EIN VERLORENES PARADIES

Natürlich gibt es keine Paradiese auf Erden. Die amerikanische Ethnologin Margaret Mead hat den Versuch gemacht, das Gegenteil zu beweisen anhand einer idyllischen Darstellung des polynesischen Alltags im Stillen Ozean. Ihr wurde schließlich grobe Irreführung nachgewiesen. Die Eingeborenen des Pazifik lebten nicht etwa in einer harmonischen Traumwelt, sondern standen — wie andere Völkerkundler überzeugend nachwiesen — unter der Dämonenangst, unter der Willkür ihrer Häuptlinge, ja, sie brachten schreckliche Menschenopfer dar.

Die Behauptung des Aufklärers Jean-Jacques Rousseau, der Mensch sei vom Ursprung her gut, die Vorstellung vom »guten Wilden«, wie sie in alternativen Kreisen im Namen eines blindlings bewundernden Dritte-Welt-Kultes hochgehalten wurde, sollten — bei nüchterner Analyse der tatsächlichen Verhältnisse in den »traurigen Tropen«, wie Lévi-Strauss es ausdrückt — ohnehin ins Reich der Utopie verwiesen werden.

Wenn uns heute — beim Betrachten der Fotografien Josef Kaufmanns, auf dessen Initiative dieser Bildband zustande gekommen ist — der Gedanke streift, gewisse Regionen Asiens hätten dem Garten Eden nähergestanden als die Länder unserer Region, so unterliegen wir vermutlich auch hier einer Täuschung. Wir neigen alle dazu, den Titel von Marcel Proust »Auf der Suche nach der verlorenen Zeit« zu paraphrasieren, als ob er geschrieben hätte: »A la recherche du paradis perdu«. Der zeitliche Rückblick verklärt so manche Betrachtung. Jeder von uns gerät in die Versuchung, die jungen Jahre des frühen exotischen Erlebens mit dem Glanz des ästhetischen Abenteuers zu umgeben, und die Schattenseiten verblassen glücklicherweise schneller in der Erinnerung als die wenigen glücklichen Stunden.

Dennoch hat — gerade in jenen asiatischen Staaten, denen wir uns hier zuwenden — ein tiefer Wandel stattgefunden. Ob die Welt besser oder schlechter geworden ist, ob die Durchschnittsbevölkerung des Fernen Ostens heute gesünder, bequemer, üppiger lebt als vor ein paar Dekaden, wollen wir dahingestellt lassen. Aber schöner, unberührter, fremder und viel aufregender war sie schon, diese Epoche der präindustriellen Existenz, als Asien noch nicht überschwemmt war von den Fluten des Massentourismus, als dieser Kontinent die ihm innewohnende Tragik und Problematik noch unter der Maske rätselhafter Kulturen zu meistern suchte.

KAMBODSCHA

Hätte man mich einst nach dem Land gefragt, das unseren Vorstellungen vom irdischen Paradies am nächsten kam, so hätte ich zweifellos auf Kambodscha verwiesen. Gewiß, dieses Volk der Khmer verdankte die Erinnerung an seine Hochkultur und an sein Großreich den Entdeckungen französischer Archäologen. Die Kolonialmacht hat die faszinierende und begeisternde Tempelwelt von Ankor Watt dem Dschungel entrissen, während die Einheimischen sich als Volk harmloser Reisbauern mit einer bescheidenen Existenz begnügten. Aber diese Khmer, die in der Figur des Prinzen Sihanuk einen wohlwollenden Despoten gefunden hatten, lebten glücklich in den Tag. Der Alluvionsboden des Mekong und Tonle Sap war so fruchtbar, daß es keine Ernährungsprobleme gab. Kambodscha hatte seinen Existenzrhythmus dem Buddhismus des »kleinen Fahrzeuges« untergeordnet. Die buddhistische Frömmigkeit durchdrang alle Aspekte des täglichen Lebens mit der lässigen Toleranz uralter Weisheit. Fast jeder Angehörige dieses Volkes legte zumindest einmal in seinem Leben vorübergehend das safrangelbe Gewand des Mönches an, um sich der Heilssuche nach den Vorschriften Gautamas zu widmen. Die sexuellen Beziehungen waren so unkompliziert, triebhaft und heiter, daß der Gedanke an eine Erbsünde gar nicht aufkommen konnte. In den Tempeln und Palästen führten anmutige Tänzerinnen in ihren golddurchwirkten Trachten die alten hinduistischen Mythen auf, und die grausame Hintergründigkeit dieser aus Indien importierten Dämonenwelt wurde von den fröhlichen Zuschauern einer fast pausenlosen Folge religiöser Feste offenbar gar nicht wahrgenommen.

Ich beginne diese Betrachtung mit dem Beispiel Kambodschas, weil es auf besonders dramatische Weise den Sturz in unsagbares Elend, in den Abgrund des Grauens exemplifiziert. Vielleicht war es gerade die Wiederentdeckung verlorengegangener Größe und Macht des mittelalterlichen Reiches der Khmer, eines Imperiums, das im zwölften Jahrhundert einen großen Teil Südostasiens beherrschte, die diesem verträumten Winkel Hinterindiens zum Verhängnis wurde. Die Kolonialmacht hat unwissentlich dazu beigetragen. Die Franzosen hatten die totale Aufteilung Kambodschas unter den Siamesen im Westen, den Vietnamesen im Osten gerade noch verhindert. Dann wurde eine Anzahl oberflächlich okzidentalisierter Studenten in die ferne »Métropole« geschickt. Der bekannteste unter ihnen war der junge Kieu Samphan, der an der Sorbonne über die Geschichte der Khmer promovierte und damals schon die Wiedergeburt eines mächtigen, egalitären Staates predigte. Sie sollte durch die Rückwendung der Khmer zu kollektiven, gigantischen Irrigationsarbeiten, durch eine anonyme Massengesellschaft unter der Tyrannis einer winzigen Elite bewirkt werden, und das gesamte Experiment wurde — dem Zeitgeist entsprechend — in das illusionäre Gewand eines fehlinterpretierten Marxismus-Leninismus, angereichert durch eine Anleihe bei Mao Tsetung, gehüllt. Die Folgen sind bekannt. In einer seltsamen Verfremdung hat der Regisseur Francis Coppola eine afrikanische Novelle Joseph Conrads auf Südostasien übertragen. Der Film »Apocalypse Now« verlagert das »Herz der Finsternis« vom Kongo an den Mekong, und es ist eine kambodschanische Umgebung, in der der Schauspieler Marlon Brando — vom Entsetzen einer bestialischen Verwilderung umgeben — mit den Worten »the horror, the horror« auf den Lippen stirbt.

Das Grauen ist über das einst glückliche Land der Khmer in geradezu exemplarischer Weise hereingebrochen. Das dort errichtete System ist als »Steinzeit-Kommunismus« beschrieben worden. Die sogenannten »Roten Khmer«, jene fürchterlichen Partisanen, die, in schwarze Pyjamas gekleidet, aus den Dschungeln und Grenzgebieten des Nordostens auf die Städte zurückten, haben ein Massaker unter der eigenen Bevölkerung, ein »Autogenozid« veranstaltet, dem etwa ein Fünftel aller Kambodschaner zum Opfer fiel. Sie trieben die Städter ohne Ausnahme in die Wildnis, wo pharaonische und völlig sinnlose Bewässerungsanlagen auf den Knochen der Zwangsarbeiter-Kolonnen errichtet wurden. Aus dem Hintergrund agierte eine geheime Kommandozentrale, die dem blutrünstigen Tyrannen Pol Pot, einem ehemaligen buddhistischen Bonzen, unterstand. Paradoxerweise hat erst die Eroberung Kambodschas durch die vietnamesischen Kommunisten diesem gräßlichen Spuk vorübergehend ein Ende bereitet. Aber heute — nachdem die Divisionen Hanois in ihre Heimat zurückgekehrt sind — weckt der verstärkte Waffenlärm, der wieder aus Indochina herüberhallt, düstere Erinnerungen.

Die »Roten Khmer« melden militärische Erfolge im Bürgerkrieg gegen die provietnamesische Regierung, die in der Hauptstadt Phnom Penh installiert worden ist. Die Methode der »Steinzeit-Kommunisten« ist bekannt und leider allzu bewährt. Zwischen 1971 und 1975 — bis zu ihrem endgültigen Sieg über das damalige pro-amerikanische Regime des Marschalls Lon Nol — waren sie ähnlich vorgegangen. Von ihren chinesischen Lehrmeistern hatten die Roten Khmer gelernt, daß es für eine Partisanenarmee nicht darum geht, große Ortschaften zu erobern, deren Verwaltung sich anschließend kostspielig und lähmend für die eigene Offensivkraft auswirkt. Wie einst die Volksbefreiungsarmee Mao Tsetungs bemächtigen sich die Partisanen Pol Pots zunächst einmal ländlicher Regionen, schüchtern durch Terror die Bauern ein, unterbrechen den Überlandverkehr und isolieren die Städte. Eine Großoffensive käme erst sehr viel später in Frage. In Phnom Penh hat die Regierung Hun Sen, die von den vietnamesischen Besatzungstruppen eingesetzt worden ist, das Signal sehr wohl begriffen, zumal Hun Sen, bevor er sich den Kommunisten aus Hanoi anschloß, ebenfalls ein Kommandeur der Roten Khmer gewesen war. Kambodscha treibt wieder dem Orkus entgegen, und es nützt den Kommunisten des von Vietnam eingesetzten Regimes wenig, daß sie in aller Eile dem Marxismus-Leninismus abschwören.

THAILAND

Natürlich lassen sich auch in Thailand wehmütige Betrachtungen anstellen. Als ich zu Beginn der fünfziger Jahre Bangkok zum ersten Mal besuchte, zogen sich noch verträumte Kanäle, die »Klongs«, durch das Zentrum der siamesischen Hauptstadt. Heute sind Asphalt und Beton an die Stelle der hübschen Holzhäuser getreten, die in üppiger Vegetation untergingen. Doch hier soll nicht folkloristischer Nostalgie nachgegangen werden. Thailand ist in der letzten Dekade ein dynamischer und expansiver Staat geworden. Hatten die Amerikaner in den siebziger Jahren noch befürchtet, der vietnamesische Imperialismus werde auch das alte Siam bedrohen — schon hieß es im Scherz, die Panzerkolonnen Hanois könnten nur durch das Verkehrschaos von Bangkok zum Stehen gebracht werden —, so haben sich heute die Verhältnisse umgekehrt, und von der vielzitierten Domino-Theorie ist nicht mehr die Rede.

Die Städte Thailands platzen heute buchstäblich aus den Nähten. Noch wird Bangkok und vor allem das Bordellviertel Pat Pong mit jenem hemmungslosen Sex-Tourismus in Beziehung gebracht, der sich seit dem »Rest and recreation«-Programm der amerikanischen Vietnamsoldaten zu einer Vergnügungsindustrie entwickelt hatte, wenn die GIs Urlaub und Entspannung in der thailändischen Etappe suchten. Aber das Land am Menam beginnt sich aus diesem zweifelhaften Ruf zu lösen. Es zählt zu jenen »Baby-Drachen« oder »Baby-Tigern«, die Anschluß an das Wirtschaftswunder der ostasiatischen Randstaaten Südkorea, Taiwan, Hongkong und Singapur suchen und plötzlich in einen unvorstellbaren, wenn auch etwas bedenklichen »Boom« geraten sind. In einem Jahr sind das Bruttosozialprodukt Thailands um 11 Prozent, der Energiebedarf um 15 Prozent, die Ausfuhren um 36 Prozent und die Autoverkäufe um 45 Prozent gestiegen. Als Ferienziel dürfte sich der Staat des Königs Bumiphol in Zukunft immer weniger eignen, denn die Industriellen von Taiwan und Singapur, die sich der ökologischen Gefahren ihrer Wirtschaftsexplosion bewußt sind, gehen mehr und mehr dazu über, besonders umweltgefährdende Fabriken — Erdölraffinerien insbesondere — nach Thailand und auf die Philippinen zu verlagern. Ein anderer Grund, der zu dieser Schwerpunktverschiebung an den Menam führt, liegt bei den geringen Arbeitslöhnen, die der thailändischen Arbeiterschaft weiterhin gezahlt werden können. Mit dem spektakulären Aufschwung ist krasse Ausbeutung jener armen Landbevölkerung parallel gegangen, die — vom industriellen Blendwerk angezogen — in die Hauptstadt drängt.

Ob der Buddhismus, die allgegenwärtige Staatsreligion, ein Gegengewicht zu dieser Frenesie des materialistischen Konsumdenkens bildet, ist mehr als fraglich. Revolutionäre Spannungen werden auch diesem Staat nicht erspart bleiben, der sich in den vergangenen zwei Jahrhunderten allen Kolonisierungs- und Unterwerfungsversuchen entzog, indem er zuerst die Engländer gegen die Franzosen, dann die Amerikaner gegen die Japaner, schließlich die Chinesen gegen die Vietnamesen ausspielte. Noch ist die Generalität der letzte Schiedsrichter der Innenpolitik, und der Monarch Bumiphol wird gerade beim kleinen Volk wie ein Gottkönig verehrt. Aber die buddhistische Heilslehre, die bislang auch im politischen Alltag als oberste Ideologie benutzt wurde, taugt nur in begrenztem Maße, um Stabilität und soziale Gerechtigkeit zu gewähren.

Die Amerikaner hatten in Vietnam die schmerzliche Erfahrung gemacht, daß ihr Versuch — nach brutaler Ausschaltung des katholischen Diktators Ngo Dinh Diem — sich auf eine buddhistische Massenbewegung zu stützen und somit einen Damm gegen den Kommunismus zu errichten, auf Sand gebaut war. Ein paar Bonzen haben zwar als menschliche Fackeln ihr Leben geopfert, aber die buddhistischen Kampforganisationen erwiesen sich bald als untauglich, weil sie vom Vietcong unterwandert waren. Ebenso trügerisch waren all jene Prognosen, die eine Machtergreifung der »Roten Khmer« und vor allem deren Schreckensregiment in Phnom Penh weit von sich gewiesen hatten, weil Kambodscha ja tief, friedlich und harmonisch in die Toleranz des Theravada-Buddhismus eingebettet sei. — Immerhin ist es den sukzessiven Machthabern des alten Siam gelungen — in der Mehrzahl hohe Offiziere —, diesem Königreich, das dem Ausland einst unter dem Operettenzauber von »The King and I« vorgestellt worden war, einen bemerkenswerten wirtschaftlichen Aufschwung zu verschaffen. An Thailand gemessen, wirkt das kommunistische Vietnam heute wie ein Armenhaus.

Auch in Südostasien erweist sich, daß ökonomische Entfaltung mit politischer Macht gekoppelt ist. Das militärische Potential ist auch hier zweitrangig geworden. So vollzieht sich im ehemals französischen Indochina eine allmähliche Loslösung der Volksrepublik Laos aus der Umklammerung durch die vietnamesischen Statthalter.

Hanoi ist gar nicht mehr in der Lage, diese vorgeschobene Position am Oberlauf des Mekong zu halten. Laos war auch nach der Machtergreifung des kommunistischen »Pathet Lao« ein Sonderfall geblieben. Das Lächeln Buddhas war hier nicht erloschen wie im benachbarten Kambodscha. Die Partei versuchte, die strengen Direktiven der vietnamesischen Ideologen nach Kräften abzumildern. Die offene Flußgrenze nach Thailand konnte nie hermetisch abgeriegelt werden. Heute ist Laos eine Wirtschaftsdependenz von Bangkok und fühlt sich offenbar ganz wohl dabei, hatte doch dieser willkürlich von den Kolonialmächten zurechtgestutzte Staat seit Jahrhunderten eine enge ethnische und dynastische Verbindung zu den Thai-Fürstentümern jenseits des Mekong unterhalten. Der letzte König von Laos, so hörte man unlängst, ist in seiner trostlosen Verbannung im rauhen Gebirgsland von Sam Neua gestorben. Zur gleichen Zeit wurde jedoch auch in der Hauptstadt Vientiane der Marxismus-Leninismus, der hier stets wie eine Farce wirkte, zu Grabe getragen. Wer sich daran erinnert, daß es Zeiten gab, in denen Kennedy und Chruschtschow die Fortführung ihrer Politik der friedlichen Koexistenz von den Bürgerkriegsverhältnissen in diesem entlegenen Winkel Hinterindiens abhängig machten, kann sich nur freuen über das neuerliche laotische Versinken in die Geschichts- und Bedeutungslosigkeit.

PHILIPPINEN

Die alte lateinische Redensart »Von den Toten soll man nur Gutes sagen« kann Ferdinand Marcos nicht für sich in Anspruch nehmen. Der ehemalige Diktator der Philippinen, der zwanzig Jahre lang seine Inselgruppe mit allen Mitteln der Korruption und tückischer Gewalt beherrscht hat, bevor er im Exil auf Hawaii nach langem Leiden starb, verkörperte auf geradezu karikaturale Weise den dort üblichen Politiker-Typus, aber insgeheim entsprach sein exzessiver Lebensstil auch den Erwartungen, die die dortigen Massen in ihre Führungspersönlichkeiten setzen.

Die Philippinen sind dem asiatischen Festland vorgelagert und überwiegend von Malaien bevölkert. Die 60 Millionen Filipinos sprechen neben ihren angestammten

Dialekten — Tagalog an der Spitze — ein amerikanisch gefärbtes Englisch, das ihnen auch als Amtssprache dient. Dennoch sind diese kleinen braunen Menschen nur oberflächlich dem nordamerikanischen Lebensstil angepaßt. Bevor die Vereinigten Staaten der Kolonialherrschaft Madrids über die Philippinen 1898 ein Ende setzten, wurde Manila jahrhundertelang von einem spanischen Gouverneur verwaltet, der seinerseits dem Vizekönig in Mexiko unterstand. Diese ibero-amerikanische »Connection«, untermauert mit einer massiven und inbrünstigen Bekehrung zum Katholizismus, hat den Archipel und seine »politische Kultur«, wie man heute mit einem Modewort sagt, zutiefst geprägt und ihm seinen eigenartigen Charme verliehen.

Die schillernde Erscheinung des Ferdinand Marcos paßt besser nach Lateinamerika als zu jenem fernöstlichen Umfeld, dessen Potentaten, selbst wenn sie sich dem Marxismus-Leninismus zuwandten, zutiefst vom konfuzianischen Sittenkodex oder von buddhistischer Philosophie beeinflußt blieben. Zum ersten Mal machte der aus Nordluzon gebürtige Ferdinand Marcos, der das Studium der »Philippine Law School« mit Auszeichnung abgeschlossen hatte, als »Pistolero« von sich reden. Er wurde zwar vom Gericht freigesprochen, aber der Verdacht bestand weiter, daß der junge Mann einen politischen Gegner seines Vaters mit dem Schießeisen aus dem Weg geräumt habe. Als die Japaner die Inselgruppe in einem Blitzkrieg eroberten, schlug sich der brillante Anwalt Ferdinand Marcos in die Berge und führte das Leben eines Guerilleros. Von nun an war sein Aufstieg zur Macht nicht mehr aufzuhalten.

Sehr ibero-amerikanisch mutete auch das Verhältnis Ferdinand Marcos' zu den Frauen an. Er heiratete die Schönheitskönigin seines Landes, die berühmt-berüchtigte Imelda Marcos, deren extravagante Garderobe nach ihrer Flucht aus dem Malacañang-Palast zur Besichtigung durch das Volk freigegeben wurde. Ferdinand Marcos hatte neben dieser »Beauty Queen« zahllose Mätressen und hielt damit seinen Ruf als »Macho« hoch, wie sich das für ein philippinisches Mannsbild wohl gehörte. Der maßlose Ehrgeiz, die Bereicherungsgier seiner Ehefrau sind dem Präsidenten, der 1965 das höchste Amt der Philippinen antrat und seine Herrschaft entgegen den bestehenden

Verfassungsbestimmungen durch Proklamation des Ausnahmezustandes bis 1986 verlängerte, am Ende zum Verhängnis geworden. Er führte sich auf wie ein »Caudillo« in einer lateinamerikanischen Bananenrepublik und stützte sich wie diese Vettern jenseits des Pazifik auf die wohlwollende Protektion der USA. — Für Washington waren die Philippinen mit ihren gigantischen Basen Clarc Airfield und vor allem Subic Bay zur unentbehrlichen Militärbastion gegenüber dem asiatischen Kontinent geworden, nachdem China sich dem Kommunismus zugewandt hatte und später der Vietnamkonflikt ausbrach. In jenen Jahren der strategischen Krise erwies sich Marcos als zuverlässiger Verbündeter und wurde insbesondere von Lyndon B. Johnson extrem hofiert.

Seit 1980 war jedoch die interne Situation der Philippinen unhaltbar geworden. Marcos hätte die Autorität und Mittel gehabt, um das unsagbare Elend der Landbevölkerung zu lindern, um der einflußreichen Oligarchie der Landbesitzer, der übrigens auch seine bitterste Gegnerin und Nachfolgerin im Präsidentenamt, Corazon Aquino, entstammt, eine Bodenreform abzutrotzen. Aber dieser ansonsten kluge Mann war blind geworden für die Nöte der Armen, der »Descamisados«, wie man in Argentinien sagen würde. Als die Rebellion der »Moros« sich verewigte und die kommunistische Wiederstandsbewegung »New People's Army« an Ausdehnung gewann, stützte Marcos sich mehr und mehr auf jene Militärs, die er bislang klein gehalten hatte.

Den schwersten, fatalen Fehler beging dieser Autokrat, als er seinen gefährlichsten Gegenspieler, Benigno Aquino, der gerade aus seinem Exil in den USA zurückkehrte, durch seine Schergen in aller Öffentlichkeit beim Verlassen des Flugzeuges erschießen ließ oder diese Gewalttat zumindest nicht verhinderte. Von nun an war sein Schicksal besiegelt. Die Frau des Senators Aquino, Corazon, mobilisierte die Massen, stützte sich auf die mächtige katholische Kirche des Kardinals Sin. Der Aufstand bemächtigte sich der Hauptstadt Manila. Am Ende mußte Ferdinand Marcos, der an einem schweren Nierenleiden litt, von seinen amerikanischen Gönnern wie ein »Momio« — der Ausdruck wurde in Chile für überalterte, konservative Politiker angewandt —, wie eine lebende Mumie, nach Hawaii evakuiert werden. Dort sollte er keine

Ruhe finden. Das Ausmaß seiner persönlichen Bereicherung war so skandalös, die Ausplünderung seines Volkes schrie derart zum Himmel, daß sogar seine Geheimkonten aufgedeckt wurden und sein Komplize, der saudische Finanzmagnat Adnan Kashoggi, vorübergehend ins Gefängnis kam. Trotz alledem ließ Corazon Aquino, diese erstaunliche Frau, die den brodelnden Staat heute zusammenhält, die Fahnen auf halbmast setzen, als die Nachricht vom Tode des Diktators nach Manila gelangte. Die Präsidentin muß befürchten, daß die bislang verweigerte Rückführung der sterblichen Reste Ferdinand Marcos' bei Teilen der Bevölkerung, die diesem »Caudillo« seltsamerweise nachtrauern — vielleicht, weil er auf so typische Weise einer der ihren war —, immer neue Unruhe auslösen könnte.

Den letzten Putsch der Armee, im klassischen Stil eines lateinamerikanischen »Golpe« durchgeführt, hat die Präsidentin nur dank der amerikanischen Luftwaffenintervention überlebt. Seitdem sind ihre Tage gezählt. Nicht von den marxistischen Guerilleros der »New People's Army« droht ihr reale Gefahr. Auch auf den Philippinen hat der Kommunismus seine Anziehungskraft auf die jungen Intellektuellen eingebüßt. Tödlich für die Präsidentin, die sich mehr und mehr als Gefangene ihres eigenen Familienclans und der Großgrundbesitzer-Kaste erweist, dürfte sich der Unmut der Massen auswirken. Wer den »Yankees« die Macht verdankt, ist zum Sturz verurteilt. Auch hier gelten die Gesetze der ibero-amerikanischen Vettern jenseits des Pazifik. Die politische Situation in Manila erscheint heute so instabil, daß die Investoren der aufstrebenden ostasiatischen Industrienationen — von Japan bis Singapur — vor einem allzu starken Engagement auf dem Archipel zurückschrecken und sich Malaysia, Thailand und in wachsendem Maße Indonesien zuwenden.

Unabhängig von der Krisenstimmung auf der Hauptinsel Luzon und der zentralen philippinischen Visaya-Gruppe, sieht sich der Süden des Archipels — mit Mindanao als Schwerpunkt — einer nicht enden wollenden Rebellion ganz besonderer Art ausgesetzt. Gegenüber der alten spanischen Festung Zamboanga haben wir in den frühen siebziger Jahren auf Basilan die muslimischen »Mudschahidin« der Moro-Befreiungs-

Front aufgesucht. Die Südphilippinen waren bereits zum Islam bekehrt, als die ersten spanischen Entdecker — der große Seefahrer Magellan hat hier den Tod gefunden — mit ihren Karavellen aus der Weite des Pazifischen Ozeans auftauchten. Wie groß mag die Verwunderung dieser iberischen Conquistadores gewesen sein, als sie hier — am Ende der Welt — die gleichen muslimischen Ungläubigen vorfanden, die sie gerade aus dem heimatlichen Andalusien nach jahrhundertelangen Kriegen vertrieben hatten. So wurden die Malaien von Mindanao, Jolo und Sulu — weil sie dem koranischen Glauben angehörten — von den Spaniern kurzerhand als »Mauren«, als »Moros«, bezeichnet. Diesen Namen haben sie bis auf den heutigen Tag behalten und auch für sich akzeptiert. Die »Moro-Befreiungs-Front« hat Unterstützung in der ganzen islamischen Welt bis hin nach Libyen gesucht, was die Gattin des damaligen Staatschefs, Imelda Marcos, dazu veranlaßte, als Vermittlerin, besser gesagt, als Bittstellerin zu Oberst Kadhafi nach Tripoli zu reisen, um dessen Waffenlieferungen an die Moros zu unterbinden. Am Rande sei noch vermerkt, daß Imelda Marcos mit ihrer Schönheit sogar den greisen Mao Tse-tung zu betören vermochte. Der bereits vom Tod gezeichnete »große Steuermann« der Volksrepublik China wurde beim Empfang der philippinischen Präsidentengattin in Peking gezeigt, wie er ihr galant und sehr unproletarisch die Hand küßte.

INDONESIEN

Wer möchte heute noch Vicky Baums Buch »Liebe und Tod auf Bali« lesen? Aber als ich im Sommer 1954 zum ersten Mal in Den Pasar landete, der südlichen Hafenstadt dieser »Trauminsel«, da erschien sie wirklich noch unberührt. Der Affentanz, der eine Szene aus dem Ramayana darstellt, war keine Veranstaltung für Touristen, und als wir eine kultische Feier am Strand überraschten, wo die Dorfbewohner — in ihre kostbarsten Kleider und in herrlichste Blütenpracht gehüllt — die Götter zum Bad im Meere begleiteten, wurden wir als lästige Außenseiter vertrieben.

Was Bali weiterhin so attraktiv macht, ist seine Verwurzelung im Hinduismus. Dies ist der einzige Fleck des riesigen indonesischen Staatsgebiets, wo sich die Religion des Brahma, des Vischnu, des Schiwa fast unverändert erhalten hat. Bali gibt Kunde von der gewaltigen kulturellen Ausstrahlung des Subkontinents. Wer »Liebe und Tod« auf Bali sucht, droht hingegen enttäuscht zu werden. Die Gesellschaftsstrukturen sind hier untereinander streng begrenzt und den Fremden gegenüber abgekapselt. Schon seit langem gehen die schönen bronzehäutigen Mädchen nicht mehr mit nackter Brust, und die vermeintlichen Balinesinnen, die sich in der Hauptstadt Djakarta auf Java dem Liebesgewerbe widmen, gehören in der Mehrzahl der Unterkaste der Transvestiten an. — Der Tod seinerseits hat in diesem vermeintlichen Tropenparadies entsetzliche Opfer gefordert, als 1965 ganz Indonesien nach dem mißlungenen Putsch einer linksorientierten Offiziers-Camarilla Amok zu laufen schien, als die Kader der Kommunistischen Partei, die über eine starke Gefolgschaft verfügte, und überhaupt jeder Indonesier oder Chinese, der im leisesten Verdacht marxistischer oder maoistischer Sympathie stand, hingeschlachtet wurden. Am meisten Blut ist damals auf der übervölkerten Hauptinsel Java geflossen, und die jugendlichen Banden muslimisch-extremistischer Organisationen haben am schlimmsten gewütet. Aber auch Bali wurde vom sinnlosen Massaker heimgesucht, 50 000 Menschen wurden hier umgebracht, und diese Wunden sind bis heute nicht verheilt.

Der »lächelnde General« Suharto, der seit mehr als zwanzig Jahren in Djakarta, gestützt auf die Armee und die Sammelbewegung Golkar, die Regierungsgewalt ausübt, spiegelt in seiner Person die Gegensätzlichkeit seines Staates. Nach außen hin wird Gelassenheit, sogar Heiterkeit zur Schau getragen, aber hinter der wohlwollenden Fassade schlummern tödliche Spannungen. Seit mehreren Jahrhunderten ist Indonesien in seiner erdrückenden Mehrheit zum Islam konvertiert. Doch am Rande des Dschungels war die mohammedanische Religion der Wüste seltsamer Veränderung und Akkulturation unterworfen. Jenseits der koranischen Frömmigkeit, die vor allem im Norden von Sumatra bei Atjeh und auch im Osten von Java strenge, fast fundamentalistische Züge angenommen hat, lebt bei den meisten Malaien Indonesiens die geheime Götterwelt des Hinduismus weiter, und das offenbart sich nicht nur im bizarren Puppenspiel des Schattentheaters. Der Muslim Suharto, der gelegentlich nach Mekka pilgert — er steht ja dem bei weitem volkreichsten Staat des »Dar-ul-Islam« vor —, hat die toleranten Thesen des »Panjasila« als verschwommene Ideologie beibehalten. Er wacht darüber, daß die islamischen Bilderstürmer sich nicht an den buddhistischen Heiligtümern von Borobodur vergreifen.

Aber auch dieses Land, das in einen Prozeß rasanter wirtschaftlicher Entwicklung eingetreten ist, dem es als einzigem Mitgliedsstaat der OPEC gelang, sich vom Monopol der Erdölindustrie zu lösen und ein jährliches Wachstum von fast fünf Prozent zu erzielen, ist nur deshalb für Investoren aus Japan, Taiwan und Singapur so attraktiv, weil man im »Goldenen Dreieck« von Djakarta einen Arbeiter noch mit einem Lohn von etwa 2,20 DM pro Tag abfinden kann, viermal weniger als in Thailand oder Malaysia. Ein sich anstauendes Potential gesellschaftlicher Unruhe, ja sozialer Explosion ist auf Java stets vorhanden. Schon murrt das kleine Volk gegen die Geschäftstüchtigkeit der Generäle und vor allem gegen deren enge Zusammenarbeit mit der etwa 6 Millionen starken chinesischen Minderheit. Wenn es das nächste Mal wieder zu Mord und Totschlag kommt, dann wird der Kommunismus dabei keine Rolle mehr spielen, sondern im Namen der islamischen Erneuerung werden die Massen — von fanatischen Predigern angeheizt — gegen die Sonderstellung der Privilegierten anrennen. Gerade der industrielle Boom, den niemand vorausgesehen hatte, könnte die Vorbedingungen für eine solche Umwälzung bieten unter der Voraussetzung, daß junge Offiziere die Hand im Spiel haben werden. Denn in Indonesien, wie in der gesamten Dritten Welt, kommt »die Macht aus dem Gewehrlauf«, wie Mao Tsetung sagte.

Als ich das menschenleere »Outback« Nordwestaustraliens besuchte, das nur durch eine relativ schmale Meerenge von dem brodelnden menschlichen Ameisenhaufen Java getrennt ist, habe ich mir überlegt, wie lange es wohl dauern wird, bis die demographische Explosion in der malaiischen Inselwelt auf den leeren fünften Kontinent übergreift. Eine ferne Zukunftsvision vielleicht, aber sie sollte heute schon die Regierungsbehörden von Canberra mit bangen Ahnungen erfüllen.

VIETNAM

Es gibt das wirkliche Vietnam und den Mythos gleichen Namens. Das Land, das ich um die Jahreswende 1945/46 zum ersten Mal betreten habe, gibt es nicht mehr. Der französische Krieg in Indochina stellte das letzte große Kolonialabenteuer dar. Ein Nachtrag zu den Übersee-Legenden Rudyard Kiplings wurde hier geschrieben. Die Erinnerung des französischen Expeditionskorps an diesen unerbittlichen Krieg, dem eine Reihe von Abschlußjahrgängen der Offiziersschule Saint-Cyr fast vollzählig zum Opfer gefallen ist, ist durch eine eigenartige Romantik verklärt. Als die französische Armee nach dem Desaster von Dien Bien Phu in ein anderes Debakel hineinsteuerte, in den Kampf um Algerien, haben die Veteranen in den armseligen »Meschtas« des Atlas von dem opulenten südostasiatischen Land am Mekong und am Roten Fluß geträumt, von seinen schönen, zierlichen Frauen und einer großen konfuzianischen und buddhistischen Kultur, die selbst den robusten Haudegen der Fallschirmtruppe unter die Haut gegangen war. Dieses »Heimweh« nach der mörderischen, aber faszinierenden Traumwelt Vietnams hat einer dieser ehemaligen Zenturionen, Jean Lartéguy, in seinem Roman »Le mal jaune — die gelbe Krankheit« beschrieben. Gemeint war die schmerzliche Sehnsucht nach einer fremden Welt voll Erotik und Hintergründigkeit, die durch die Präsenz des Todes mit zusätzlicher Spannung angereichert wurde.

Natürlich ging die französische Indochina-Stimmung an den tatsächlichen Gegebenheiten dieses von Vernichtung und Revolution geschüttelten Landes weitgehend vorbei, und der durchschnittliche vietnamesische Reisbauer, der »Nhaque«, mag mit ganz anderen Gefühlen an jene Zeit zurückdenken, als auch die diversen Fremdvölker der »Französischen Union« neben den Mutterlandssoldaten und Fremdenlegionären mit schwarzen und braunen Militärkontingenten in Reisfeld und Dschungel vertreten waren. Jedenfalls stand diese französische Nostalgie, diese nachträgliche Verherrlichung eines am Ende blutigen und schmutzigen Krieges in krassem Widerspruch zur kollektiven Vietnam-Erfahrung der Amerikaner, die zehn Jahre nach Dien Bien Phu in die Fußstapfen des französischen Expeditionskorps traten in der naiven Annahme, am 17. Breitengrad und im annamitischen Küstengebirge die »freie Welt« vor den Eroberungsplänen des Kommunismus retten zu müssen.

Die französische Literatur über Indochina ist vielfältig und kontrovers. Französische Spielfilme über dieses Thema sind hingegen sehr selten. Ganz anders die USA. Fünfzehn Jahre sind vergangen, seit die letzten GIs unter schmählichen Umständen aus Saigon flüchten mußten. Zehn Jahre zuvor waren die ersten geschlossenen Einheiten der US-Marines bei Danang an Land gegangen, und auf dem Höhepunkt des amerikanischen Einsatzes war die US-Truppenzahl auf mehr als eine halbe Million Mann angeschwollen. Die Vereinigten Staaten von Amerika haben in Vietnam die erste militärische Niederlage ihrer Geschichte erlitten.

Rückblickend kann festgestellt werden, daß die Machtstellung der USA im Pazifik, daß die geostrategischen Gegebenheiten in Ostasien durch den amerikanischen Fehlschlag kaum beeinflußt wurden. Die Domino-Theorie, die von Präsident Kennedy so überzeugend vorgetragen worden war und derzufolge der Kommunismus sich nach dem Fall Südvietnams auf ganz Südasien bis hin nach Burma und sogar Indien ausdehnen müsse, hat sich als Fehlspekulation erwiesen. Heute hat das siegreiche kommunistische Vietnam die bereits eroberte Außenbastion Kambodscha geräumt, verliert allmählich den Zugriff auf Laos und muß die Führungsrolle in Hinterindien ausgerechnet an Thailand abtreten. Aufgrund der marxistischen Erstarrung des Politbüros von Hanoi und unsäglicher wirtschaftlicher Fehldispositionen ist das potentiell reiche und wiedervereinigte Vietnam zum Armenhaus des Fernen Ostens geworden. Es übt auf seine Nachbarn keine werbende, sondern eine abstoßende Wirkung aus.

Die strategischen Kassandrarufe hinsichtlich einer sowjetischen Ausdehnung nach Süden haben sich nicht bewahrheitet. Auch in Vietnam hat Gorbatschow zum Rückzug geblasen. Die gewaltigen Subventionen an die Schwesterpartei von Hanoi wurden drastisch gekürzt. Die russische Flotten- und Luftpräsenz in Danang und Camranh-Bay reicht bestenfalls für Erkundungsmissionen aus. Nach ihrem Sieg über die

Amerikaner wurde den Erben Ho Chi Minhs keine Verschnaufpause gegönnt, denn seitdem pocht die ewige Ordnungsmacht des asiatischen Kontinents, das Reich der Mitte — Volksrepublik China, wie sie sich heute nennt —, auf ihre alten hegemonialen Ansprüche. Seit die Chinesen 1979 zur militärischen »Strafaktion« gegen Vietnam ausholten, haben sich die Spannungen verringert, aber das Kommando von Hanoi ist weiterhin gezwungen, unter unerträglichen Kosten seine Elitedivisionen in Stärke von 250 000 Mann längs der Nordgrenze von Tonking in Bereitschaft zu halten. Peking ist es sogar gelungen, mit Hilfe der verbündeten »Roten Khmer« und des Bürgerkriegs in Kambodscha einen Keil in das einst festgefügte Bündnis zwischen Moskau und Hanoi zu treiben. — Die Amerikaner hatten den falschen Krieg am falschen Platz geführt. Sie behaupten sich weiterhin in ihren gewaltigen Militärbasen auf den Philippinen. Ihre Einflußzone ist durch das vietnamesische Fiasko kaum tangiert worden. Sie haben allenfalls gelernt — aber das ist eine nützliche Erkenntnis —, daß die US-Streitkräfte trotz ihrer ungeheuerlichen Feuerkraft sehr oft zur Ohnmacht verurteilt sind, wenn sie sich der Bereinigung exotischer Regionalkonflikte widmen wollen. Die gleiche Lektion wurde übrigens auch der anderen Supermacht, der Sowjetunion, bei ihrer Niederlage in Afghanistan erteilt, mit dem Unterschied, daß sich zwischen den Küsten Vietnams und der Küste Kaliforniens die ganze Weite des Pazifischen Ozeans erstreckt, während in Zentralasien der militante Islam vor der Pforte steht, an den »weichen Unterleib« der Sowjetunion stößt und die dortigen Teilrepubliken aus unmittelbarer Nachbarschaft aufzurütteln beginnt.

Waren die strategischen Folgen der amerikanischen Niederlage in Indochina relativ unbedeutend, so bleiben die psychologischen Auswirkungen ungeheuerlich. Das Vietnam-Trauma belastet weiterhin das Unterbewußtsein der amerikanischen Massen. Selbst die jüngste Aktion der US-Army in Panama und die Begeisterung, die Präsident Bush trotz einer ziemlich dürftigen militärischen »Performance« seiner GIs bei seinen Landsleuten erntete, lassen sich nur durch das Bedürfnis erklären, das Vietnam-Trauma zu überwinden. Jeder US-Bürger, der einmal in Indochina Dienst getan hat, gebärdet sich heute, als habe er dort ein Dantesches Inferno erlebt, ungeachtet der Tatsache, daß von je zwanzig US-Soldaten höchstens einer reale Kampfberührung mit dem Vietcong erlebt hat, ungeachtet der Tatsache auch, daß die Verwilderung der Sitten durch Massenprostitution und Drogenkonsum bei den braven, jungen »Babbits« verheerendere Spuren hinterlassen hat als die Hinterhalte und Überfälle der roten Partisanen.

Eine Unzahl von Filmen hat sich mit dem Thema Vietnam befaßt, einer unwahrhaftiger, ja verlogener als der andere. Von »Deer Hunter« bis »Platoon« wurde ein Mythos kreiert, der mit der Realität wenig zu tun hat. Wer auf der Leinwand stürmende Vietcongs oder Nordvietnamesen betrachtet, sollte wissen, daß jeder kommunistische Angreifer, der überhaupt gesichtet wurde, unter die Feuerwalze der US-Army geriet und kaum eine Überlebenschance besaß. »Rambo«, die extreme Darstellung dieser amerikanischen Kollektiv-Frustration, ist zur Kultgestalt einer ganzen Generation geworden, und zwar nicht nur in den USA; auch in der Volksrepublik China sind die Rambo-Poster auf vielen Märkten zu finden.

Inzwischen werden auch in Hanoi bescheidene Versuche in Richtung »Perestroika« unternommen. Die alte Erbfeindschaft mit den Chinesen mag dabei eine Rolle spielen und mehr noch die katastrophale wirtschaftliche Bedrängnis. Vietnam öffnet sich dem Tourismus, soweit seine bescheidene Infrastruktur, die geringe Zahl der Hotels das erlauben. So können Ferienreisende heute den alten kolonialen Charme der Hauptstadt Hanoi genießen und dabei feststellen, daß die sozialistische Ordnung diese urbanistische Glanzleistung der französischen Fremdherrschaft vermodern und verrotten läßt.

Eine späte Rache der Geschichte hat sich zwischen Nord und Süd eingestellt. Während der Norden Vietnams weiterhin in spartanischer, ideologischer Verkrampfung darbt und stöhnt, hat sich im Süden eine dynamische Entwicklung durchgesetzt, die sämtliche Tabus marxistischer Planwirtschaft über den Haufen wirft. Saigon — wer möchte schon Ho-Chi-Minh-Stadt sagen — hat zu seiner alten Dynamik, zu seinem hektischen Lebensrhythmus zurückgefunden mit all den Gegensätzen, mit all den sozialen Ungerechtigkeiten, die eine solche chaotische Rückwendung zur Marktwirtschaft mit sich bringt. Saigon ist aus der bleiernen Angst der ersten Nachkriegsjahre erwacht und blickt heute mit Herablassung auf die pedantischen Kommissare und Bürokraten aus dem Norden, die dem vietnamesischen Volk nur Not und Rückständigkeit bescheren konnten.

Traurige Gedanken kommen auf, wenn man der Tapferkeit, des Heldenmuts der nordvietnamesischen Volksarmee, der Partisanen des Vietcong gedenkt, die der gewaltigsten Militärmaschine der Welt erfolgreich getrotzt haben und die durch die Unzulänglichkeit eines stalinistisch geprägten Systems um die Früchte ihres Sieges betrogen wurden. Selten ist soviel Opferbereitschaft so sträflich vergeudet worden. Eine letzte melancholische Note: Das Hotel Continental, ein alter brüchiger Bau aus der Kolonialzeit, wo sich das internationale Pressekorps dreißig Jahre lang ein Stelldichein gegeben hatte, stand kurz vor dem Abbruch. Die Hotelterrasse des Continental, die mindestens ebenso zur Legende des Indochinakrieges gehörte wie die tückische Unsicherheit des Reisfeldes, ist nur noch eine ferne Erinnerung. Die vietnamesischen Behörden haben sich zwar in letzter Minute doch noch bereit gefunden, von der geplanten Zerstörung des Hotels Abstand zu nehmen, ja, sie haben die Jugendstilfassade zu erhalten versucht. Aber das Gebäude wurde »entkernt«, total modernisiert, und die seltsame, zwielichtige Atmosphäre zwischen Nachrichtenbörse, Liebesmarkt und Verschwörung, die Graham Greene in seinem »Stillen Amerikaner« so eindringlich beschrieb, wird in Zukunft durch den Allerweltskomfort und die gaffende Zudringlichkeit des Pauschaltourismus verdrängt werden. In dem Maße, wie eine selbstbewußte, konsumfreudige vietnamesische Jugend Saigon wieder für sich zurückgewinnt — gegen die Bevormundung der starren Greise des Politbüros von Hanoi —, wandelt sich Saigon, wird die Hoffnung auf Wiedergeburt lebendig. Aber die Rolle des Westens ist hier ausgespielt, und das mag gut sein. Es besteht kein Anlaß mehr, über »Indochina, mon amour« zu schreiben.

SÜDKOREA

»Land des stillen Morgens«, so hat Korea früher einmal geheißen, aber das muß vor der letzten Jahrhundertwende gewesen sein, bevor die Japaner die ihnen gegenüberliegende Halbinsel annektierten und mit brutalen Zwangsmethoden zu assimilieren suchten. Als ich zum ersten Mal im »Land des stillen Morgens« eintraf, hallten noch die Kanoneneinschläge einer Front, die sich in geringer Entfernung der Hauptstadt Seoul nach Osten verlängerte. Sie ist heute zur Demarkationslinie zwischen Nord- und Südkorea erstarrt. Die Chinesen Mao Tsetungs hatten sich damals in einem weitverzweigten Stellungssystem eingegraben, nachdem sie die Divisionen des Generals MacArthur, die sich unvorsichtig der mandschurischen Grenze genähert hatten, in einer überraschenden Winteroffensive weit zurückgeworfen hatten.

Im Sommer 1952 war Korea ein verwüstetes Land, und eine verelendete, entwurzelte Bevölkerung überlebte kümmerlich zwischen den Ruinen. Die einzige Idylle, die Seoul zu bieten hatte, war der alte Königspalast, der wie durch ein Wunder der allgemeinen Zerstörung entgangen war. Niemand hätte damals geglaubt, daß sich dieser Teilstaat, der von den Amerikanern gerade noch über Wasser gehalten wurde, zu einer der dynamischsten Industrienationen der Welt entwickeln könnte. — Die tatsächliche Wende zum Guten hat sich während des amerikanischen Indochinakrieges vollzogen. Der südkoreanische Militär-Diktator Park Chung Hee hatte damals zwei große Einheiten für den Kampf gegen den Vietcong abgestellt. Dort, wo die »Tigerdivision« und die »Division des weißen Pferdes« in Mittelannam ihre Stellungen bezogen, hatten die kommunistischen Partisanen ein hartes Leben. Das südkoreanische Militär ging mit einer Effizienz gegen die Guerilla vor, deren die amerikanischen Streitkräfte niemals fähig waren. In ihrem Sektor wurde kein Pardon gegeben. Schon in der japanischen Armee, in die sie während des Zweiten Weltkrieges zwangsrekrutiert worden waren, hatten die koreanischen Kontingente sich durch besondere Grausamkeit ausgezeichnet. Auch Präsident Park Chung Hee war ein Subaltern-Offizier des Tenno gewesen.

Der ungeheure Waren- und Konsumbedarf der US-Streitkräfte in Vietnam hat es der südkoreanischen Wirtschaft erlaubt — dank der Leistung und der damals extrem niedrigen Löhne ihrer Arbeitskräfte —, den Aufschwung und jenes Wirtschaftswunder einzuleiten, das die Welt verblüffen und sogar die Japaner beunruhigen sollte. Hier erwies sich übrigens, daß der Erwerb hoher Technologie und die Mehrung des Wohlstandes der Bevölkerung durchaus nicht auf demokratische und parlamentarische Regierungsformen angewiesen sind. Südkorea bewies sogar das Gegenteil. General Park Chung Hee hat die Industrialisierung seiner Halbinsel im Zeichen eines bizarren, militarisierten Konfuzianismus vollzogen. Er schickte seine hohen Offiziere in die Fabriken, wo die Arbeiter wie in Kasernen gedrillt und diszipliniert wurden. Der Erfolg war beeindruckend, und am Ende stand für die gesamte Bevölkerung, vor allem auch für die Bauernschaft, deren schmucke Dörfer heute den Reisenden durch ihre stilvolle Einheitlichkeit erfreuen, eine Anhebung des Lebensstandards, die auf der Welt ihresgleichen sucht. Gewiß, nach der Ermordung Park Chung Hees bei einer Staatsvisite in Burma stellte sich nach und nach ein Trend zu mehr Freiheitlichkeit ein; aber vom Westminster-Modell ist die südkoreanische Innenpolitik noch unendlich weit entfernt. Nicht nur die wie Samurai ausgerüsteten Polizisten, auch die stets revoltierenden Studenten Südkoreas betreiben ihre politischen Auseinandersetzungen im harten Stil des landesüblichen Kampfsportes Taekwondo.

Südkorea kann wohl gar nicht anders, als nach außen hin einen waffenstarrenden, schlagbereiten Eindruck zu vermitteln. Seoul blickt seit Ende des Koreakrieges fasziniert nach Norden, auf die kommunistische Volksrepublik des roten Halbgottes Kim Il Sung, dessen Personenkult die Wahnvorstellungen eines Ceaușescu weit hinter sich läßt. Nordkorea ist neben Albanien wohl der einzige Staat, wo der Stalinismus sich in dogmatischer Starre erhalten hat. Natürlich färbt eine solche Situation auf die südliche Landeshälfte ab. Südkorea hat auch im Zeichen seines sensationellen Wirtschaftserfolges nicht zur Tradition des »stillen Morgens« zurückfinden können. Dafür dröhnen hier zu viele Maschinen und Werkbänke, wird die Konkurrenz zu Japan und

Taiwan zu eifrig vorangetrieben. Diese autoritäre Republik, die ihre Verläßlichkeit auch durch die perfekte Inszenierung der letzten Olympischen Spiele unter Beweis stellte, trägt jedoch mächtig dazu bei, den pazifischen Raum — und vor allem dessen asiatische Westküste — zu einem Schwerpunkt künftiger Weltwirtschaft auszugestalten.

BURMA

»Auf dem Weg nach Mandalay, wo die fliegenden Fische fliegen . . . on the road to Mandalay where the flying fishes fly«, so begann einst ein volkstümlicher britischer Kolonial-Song. Das war die Zeit, als in Burma die District-Commissioners sich auf Elefantenrücken in ihre entlegendsten Residenzen transportieren ließen. Möglicherweise haben die Engländer diese ehemalige Besitzung 1945 zu früh sich selbst überlassen, nachdem sie die Japaner aus Mandalay und Rangun vertrieben. Immerhin hatten hier die meisten Stämme während der verlustreichen Rückeroberung durch Lord Mountbatten für die ehemalige Kolonialmacht Partei ergriffen und sich gegen die Soldaten des Tenno engagiert.

Burma bleibt bis auf den heutigen Tag das Vorzeigebeispiel einer mißlungenen Unabhängigkeit in der Dritten Welt. Als ich 1952 das Land am Irrawadi für mich entdeckte und auf der im Zweiten Weltkrieg berühmt gewordenen »Burma Road« bis zur chinesischen Grenze vorstieß, war die »Union von Burma« bereits in sich zerrissen und ruiniert. Kommunistische Partisanen der »weißen und roten Flagge« — die einen stalinistisch, die anderen trotzkistisch orientiert — lieferten sich erbitterte Kämpfe und ließen in kurzen Abständen die wenigen Züge hochgehen, die zwischen Rangun und Mandalay noch verkehrten. Dazu kam der Aufstand der verschiedenen Völkerschaften in den Randzonen, an ihrer Spitze die christlichen Karen, aber auch die Mon, die Shan, die Tchin und die Katschinen, ganz zu schweigen von den Moslems im Arakan-Gebiet. Diese Revolten dauern bis auf den heutigen Tag mit wechselnder Heftigkeit an.

Die Proklamierung eines buddhistischen Sozialismus durch den weltfremden, aber intrigenreichen Regierungschef U Thant steigerte nur das Chaos, führte Burma in ein kollektivistisches Abenteuer, das diese reichste Reiskammer Asiens in ein Zuschuß-land verwandelte. Als die Militärs die Macht entgültig an sich rissen und der unheim-liche General Ne Win — mißtrauisch, menschenfeindlich und grausam — alle Macht für sich und seine Offiziersclique beanspruchte, geriet Burma im Namen einer nebulösen Blockfreiheit völlig ins Abseits. Der Despot Ne Win und seine Nachfolger schlugen mit äußerster Brutalität alle Freiheitsbestrebungen nieder, aber die Union war so gut nach außen abgeschirmt, daß diese Repression außerhalb Burmas kaum zur Kenntnis genommen wurde. Wieder einmal erwies sich, daß die internationale Empörung über himmelschreiende Mißstände in Asien höchst selektiv sein kann.

Trotzdem gilt Burma heute noch als ideales Reiseland, weil es so unberührt, so unverändert asiatisch erscheint. Von hier stammen die mehr oder minder echten Buddha-Statuen, die in Thailand den Markt überschwemmen. Aus den unruhigen Shan-Staaten kommt auch die Masse des Opiums, das dort von rivalisierenden Banden — darunter noch letzte Überlebende der chinesischen Kuomintang — über Thailand vermarktet wird. Die Armut der Bevölkerung erscheint manchem Besucher malerisch und stimmt ihn deswegen nachsichtig. Sogar die Volksrepublik China, für die es ein Leichtes gewesen wäre, das Willkür-Regime von Rangun aus den Angeln zu heben, hat sich eine seltsame Zurückhaltung auferlegt. Eines hat die burmesische Entwicklung immerhin bewiesen: In der krampfhaften Abkapselung, in der systematischen Isolation ist auch den Völkern Südostasiens kein Glück beschieden.

Eine persönliche Anmerkung: Als ich 1952 zum ersten Mal die Shwegadon-Pagode in Rangun aufsuchte, erstarrte ich vor Bewunderung vor den monumentalen, vergoldeten Stupas, vor den riesigen Buddha-Statuen und entrüstete mich über einen französischen Kollegen, der als alter Asien-Experte diese Exponate fernöstlicher Kunst als Geschmacklosigkeiten abtat. Ein Vierteljahrhundert später habe ich ihm Abbitte geleistet, denn inzwischen hatte auch ich Ostasien so gründlich kennengelernt, daß ich dem maßlosen Gigantismus von Shwegadon ebenfalls mit kritischem Abstand begegnete.

BLICK NACH CHINA

So mancher Hippie hatte einst geglaubt, in Nepal sein »Shangri La« gefunden zu haben, jenes entlegene, unzugängliche Tal des Glücks, wo es keine Krankheit und kein Altern gab. Ich erinnere mich noch an jene Gestalten, die den Sonnenaufgang über der Himalaja-Kette mit quasireligiösem Ritus begrüßten, unter dem Einfluß der Drogen eine kurzfristige Erlösung von aller Erdenschwere erlebten und sich der erotischen Permissivität hingaben. Die Illusion hat nicht lange gedauert. Die Schwärmer einer süchtigen Utopie haben den Trekkern Platz gemacht, den Leistungssportlern des Tourismus, und wer weiß heute noch, daß die nepalesische Gebirgsbevölkerung mit ihren Gurkha-Regimentern der britischen Krone ihre wackersten Elitetruppen stellte. Man wohnt heute in den Standard-Hotels der Fremdenindustrie und nicht mehr bei dem weißrussischen Original Boris, der einen Hauch von Gogol in dieser Randzone des Himalaja kultivierte. Heute kämpft dieses hinduistische Königreich um seine Selbstbehauptung gegenüber dem all-indischen Imperialismus. Nepal wird von Delhi aus unter Druck gesetzt. Jenseits der Nordgrenze bietet sich zwar die Volksrepublik China als mächtiges Gegengewicht an, aber die Behörden von Katmandu haben aus unmittelbarer Nähe erlebt, wie es dem Lamaismus in Tibet und dem Gottkönig von Lhasa, dem Dalai Lama, ergangen ist, als sie in den Sog der maoistischen Revolution gerieten.

Von Nepal aus — wie von allen übrigen Ländern, die wir kurz skizziert haben — wendet sich der Blick unweigerlich auf jenes gewaltige Kerngebiet des asiatischen Kontinents, das sich selbst als »Reich der Mitte« definiert. Unabhängig von der Tragödie, die sich auf dem Tiananmen-Platz vollzog, erweist sich die Volksrepublik China als Macht- und Kulturzentrum dieses Kontinents. Das maßlose Abenteuer des Maoismus ist in seinen letzten Auswirkungen noch nicht verebbt. Die ewige Auseinandersetzung mit dem 2000 Jahre alten Sittenkodex des Meisters Konfuzius dauert im Politbüro von Peking an, während das Volk — mehr und mehr vom Konsum westlicher Güter fasziniert — scheinbar unverzagt dem »Wahn vom Himmlischen Frieden« anhängt.

Bildunterschriften der folgenden sieben Abbildungen Seite 184

42

NEPAL

Vorhergehende Seiten: Gottheiten der Hindus: links: Schiwa, hier in Katmandu, der als zerstörende, aber auch als schöpferische Kraft gilt. Rechts: Ganesha am Stadttor von Patan – der elefantenköpfige Sohn von Schiwa, lebensfroher Gott des Wohlstands und der Weisheit.

Oben: Bizarrer Reiz: Die Pagoden mit den mehrfach übereinandergestuften Dächern geben Landschaften und Städten ihren einmaligen Charakter. Viele Heiligtümer erbaute man auf Bergen und Höhen rund um das Tal – dort, wo sich die Gläubigen den Göttern am nächsten fühlen.

Rechts: Tal der Träume: Nep Hauptstadt Katmandu, die sich i mer weiter ins umliegende Tal a breitet, lockte in den sechziger J ren Hippies aus aller Welt an.

Tief religiös: Die meisten Nepalesen sind gläubige Hindus. Hinduismus und Buddhismus lassen sich hierzulande allerdings durch bestimmte Zwischenformen nicht klar voneinander abgrenzen. Typisch für den tibetischen Lamaismus im Lande: die Gebetsmühle.

Oben: Tempelkunst und Wellblechalltag: die mit meisterhaften Schnitzereien geschmückten Pagoden der nepalesischen Tempel im Kontrast zu den einfachen, oft ärmlich wirkenden Wohn- und Geschäftshäusern.

Rechts: Schmelztiegel Katmandu: Im Laufe der Jahrhunderte fanden in Nepals Metropole verschiedene Rassen und Kulturen zusammen, regiert vom einzigen hinduistischen König der Welt.

Vorhergehende Doppelseite: Für alle etwas von allem: orientalisches Flair in einem Basar der Altstadt.

Links: Stadt der schönen Künste: Die alte Königsstadt Patan, südlich von Katmandu, birgt zahlreiche Tempel — Andachtsstätten, aber ebenso Verkaufskulisse, sonniger Mauerplatz oder atmosphärische Einstimmung auf den Straßenmusikanten.

Oben: Schutz vor dem Monsun: Reisterrassen in den Hochland-Regionen von Nepal. Durch diese besonders angelegte Struktur können selbst starke Monsunregen die Humusschicht nicht so leicht fortschwemmen.

TIBET

Seiten 54/55: Dem Himmel am nächsten: Die schneebedeckten Gipfel des Himalaja schließen Tibet nach Süden hin ab. Mit einer durchschnittlichen Höhe von 4500 Metern hält die schwer zugängliche Region den Weltrekord als höchstgelegenes Land der Erde.
Überraschend farbenfroh: eine Altstadtgasse in der Hauptstadt Lhasa.

Vorhergehende Doppelseite: Ort der Götter: der Potala-Palast in Lhasa bei Sonnenaufgang. Er wurde im 17. Jahrhundert als Winterresidenz des Gottkönigs, des Dalai Lama, erbaut. Das geistliche und weltliche Oberhaupt der Tibeter floh 1959 vor den Chinesen nach Indien ins Exil.

Oben und rechts: Eine eigene Welt: Im Schatten der wuchtigen Mauern des Potala-Palastes blieben die Bergbewohner lange Zeit unter sich; nur selten durften Besucher aus fremden Ländern hierher.

Vorhergehende Doppelseite: Demut als erste Pilgerpflicht: Gläubige auf dem Weg zum Jokhang-Tempel in Lhasa. Dieses höchste Heiligtum der Tibeter wurde als Schrein für jene Buddha-Statue erbaut, die eine chinesische Prinzessin im Jahre 641 n. Chr. als Geschenk brachte und die den Lamaismus begründete.

63

Hoffnung auf ein besseres Jenseits? Hartes Dasein in einem oft unwirtlichen Land — zuwenig fruchtbarer Boden, simples Arbeitsgerät, doch bei aller Entbehrung immer wieder Zeichen, daß sich Menschen in ihr Schicksal fügen.

66

Vorhergehende Doppelseite: Im Festschmuck: der 1. Oktober, der Nationalfeiertag der Chinesen — auch für die Tibeter, die in den Volkspark von Lhasa gezogen sind, den Garten der früheren Sommerresidenz des Dalai Lama.

Menschen in Tibet: ein Gebirgsvolk von unverwechselbarer Eigenständigkeit. Mit ihrer braunschwarz gebrannten Haut, mit den zu öligen Zöpfen geflochtenen Haaren erinnern die Tibeter an die Indianer Boliviens oder Hochperus.

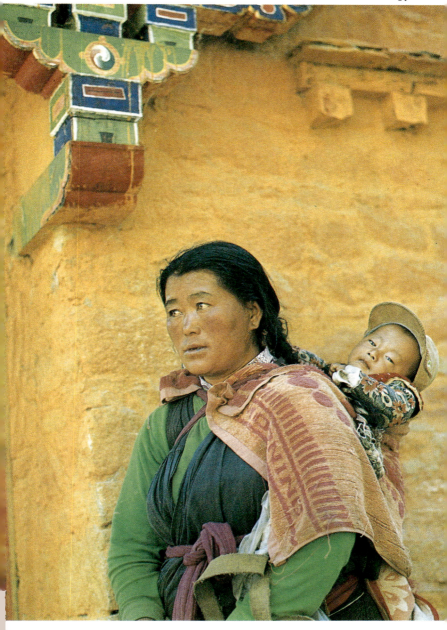

68

CHINA

Seiten 68/69: Durch die Wüste: eine steinige Straße in der Provinz Sinkiang führt von der Oase Turfan zur Hauptstadt Urumtschi. Schon im Altertum verband die alte Seidenstraße den Fernen Osten mit Europa.
Trockenübung: Auch in China will das Essen mit den glattpolierten Stäbchen gelernt sein. In den Kindergärten lernen die Kleinen mit Glasmurmeln, die Sache in den Griff zu bekommen.

Vorhergehende Doppelseite: Wo China am schönsten ist: Die phantastische Kulisse der Huangshan-Berge in der Provinz Guilin zählt zu den großartigen Naturszenerien im Reich der Mitte. Die bizarren Gipfel, die Wind und Wetter im Laufe von Jahrmillionen aus dem Kalkgestein formten, verewigten Maler seit alter Zeit auf Rollbildern und Tuschzeichnungen — als Idealtypus chinesischer Landschaft.

Oben und rechts: Fernab der großen Städte: Auf dem Land ist in China vieles beim alten geblieben — der Geschäftsalltag, der sich nicht einmal beim Friseur hinter verschlossenen Türen abspielt, die Lastenträger mit den geschulterten Bambusstangen und die Hauptstraßen ohne Autos, zugleich Märkte des Dorfes.

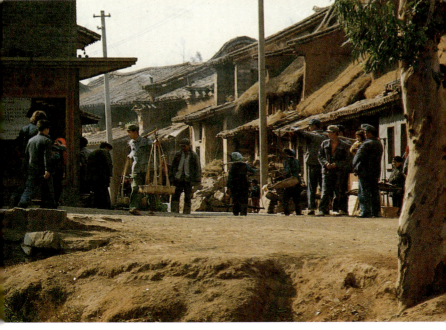

Ein Volk von Radfahrern: Damals wie heute ist das Fahrrad für die Chinesen das Fortbewegungsmittel Nummer eins: Entweder tritt man selbst in die Pedale und stellt seinen Drahtesel auf einem Parkplatz mit raumsparender Raffinesse ab — oder man läßt radeln.

Vorhergehende Doppelseite: Aus für die Altstadt? In Peking traf viele der alten, eng an- und durcheinandergebauten Wohnhäuser ein ähnliches Schicksal wie anderswo auf der Welt. Sie wurden abgerissen und teilweise durch zweckmäßige, aber häßliche Betonbauten ersetzt.

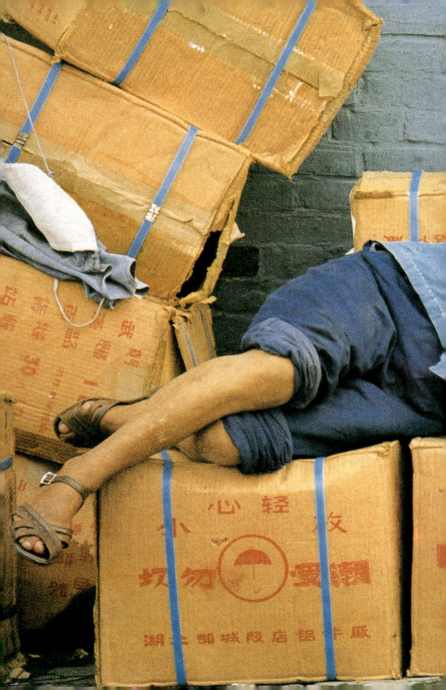

Vorhergehende Doppelseite: Improvisation gehört zum Alltag: Mittagspause einer Arbeiterin.

81

Oben und links: Berg- und Nebelstadt: Körbe voller Kohle, im steilen Auf und Ab von Tschungking, dem Industrierevier der Provinz Szetschuan, auf Handkarren transportiert.
Eine Kohlengrube am Rande der Stadt mit der Einfahrt in den Stollen — unter dem roten Stern.

Oben: Eine Kalkbrennerei, in der sich seit den dreißiger Jahren nicht viel geändert haben dürfte — damals forcierte Tschiang Kai-schek die Industrialisierung dieses Reviers.
Dunst und Wolken, ein trübes Bild der Straßen von Tschungking.

Vorhergehende Doppelseite: Winter in Peking: Der leichte Schnee, der wie Puderzucker über diesem Wohnviertel lag, ließ die vielgestaltigen Konturen der Dächer besonders deutlich hervortreten. Den Erbauern galten sie als eine Art soziales Rangabzeichen, denn je aufwendiger Giebel und Dachkanten, um so wohlhabender die Besitzer.

85

Oben und links: Alle ihre Enten: Ob schon gebraten als Spezialität in einem Schnellimbiß oder noch höchst lebendig in einem Dorf der Provinz Szetschuan — das Federvieh hatte für die Chinesen stets eine wichtige Bedeutung.
Traditioneller Treffpunkt: das Teehaus als Nachrichtenbörse.

Folgende Doppelseite: Chinas Wilder Westen: die Höhen des Tian-Shan-Gebirges in Sinkiang, dem Land der Kasachen und Kirgisen — mal friedliche Alpenkulisse, mal rauhe Rocky-Mountains-Szenerie.

Im Tal der weißen Schafe: eine Volkskommune von mehreren tausend Kasachen an den Hängen des Nan-Shan, eines Gebirgszuges im Tian-Shan. Im Sommer ziehen die islamischen Nomaden mit ihren Herden über die Weiden und leben in Jurten, die wie Wigwams aussehen.

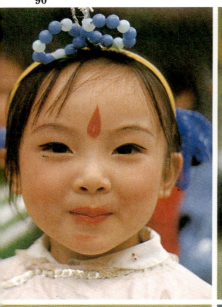
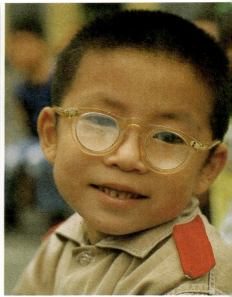

Vorhergehende Doppelseite: Das Riesenreich: In China leben mehr als fünfzig nationale Minderheiten, einige von ihnen in den Grenzregionen, andere über weite Teile des Landes verstreut. Sie stellen jedoch nur einen geringen Prozentsatz der Gesamtbevölkerung dar, die überwiegend aus Han-Chinesen besteht.

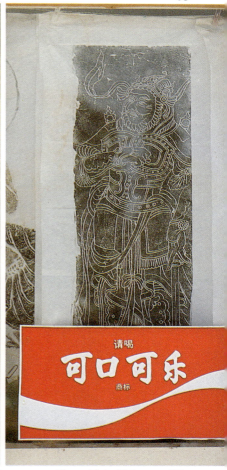

Oben und links: Western way of life: Lust am Konsum — auch in der chinesischen Gesellschaft. Zumindest in größeren Städten war Neonreklame eines Tages kein Traum, Coca-Cola kein Fremdwort mehr. Und daß leiden muß, wer schick sein will, diese Erfahrung machten jetzt auch chinesische Frauen.

Vorhergehende Doppelseite: Platz des Himmlischen Friedens: Der Tiananmen-Platz in Peking, mit 40 Hektar vermutlich der größte der Welt, liegt direkt vor dem ehemaligen Kaiserpalast, der »Verbotenen Stadt«, Haupteingang ist das mächtige Tor des Himmlischen Friedens.

Oben: Heirat auf chinesisch: Weil sich Familien oft für viele Jahre verschuldeten, um ihren Kindern eine angemessene Hochzeitsfeier zu arrangieren, forcierte der Staat sogenannte »Kollektivhochzeiten«. Diese beiden Fabrikangestellten in Tschungking wurden gemeinsam mit neun anderen Paaren aus ihrem Werk getraut.

Rechts: Besuch bei Mao: Vor der großen Porträt am Tor des Himmlischen Friedens fotografiert zu werden ließ sich kaum jemand entgehen.

HONGKONG

Links und oben: Leben in Hongkong: Wer sich's leisten kann, verbringt den Nachmittag bei Tee und Drinks am Pool. — Die Fahrt mit der Doppeldeckertram im Norden von Hongkong Island kostet nur ein paar Pfennige; an der Gold- und Silberbörse wird mit ganz anderen Beträgen jongliert. — Garküchen und neonfunkelnde Straßen halten die Stadt auch nachts in Betrieb. — Jenen Chinesen, die in Sampans und Dschunken leben, fällt der Schritt an Land oft schwer. Fabrikarbeit und Wohnsilos sind für sie keine verlockende Alternative.

Vorhergehende Doppelseite: Asiens Manhattan: Hongkong, die kapitalistische Enklave vor den Toren des sozialistischen China. Der Blick vom Peak auf das Kolossalpanorama der Glas- und Betonkonstruktionen im Central District auf der Insel Hongkong ist atemberaubend — bei Tag und erst recht bei Nacht.

102

KOREA

Vorhergehende Seiten: Scharf bewacht: die Grenze zwischen Nord- und Südkorea entlang des 38. Breitengrads. 1953 wurde ein Waffenstillstandsabkommen vereinbart. Damals endete der Koreakrieg, der 1950 mit dem Einmarsch nordkoreanischer Truppen in den Süden des Landes begonnen hatte.

Gruß aus Disneyland: Daisy Duck in einem Park nahe der südkoreanischen Hauptstadt Seoul — Wegweiser in das — wie so oft amerikanisch inspirierte — Vergnügen.

Oben: Immer präsent: amerikanische Militärpolizei im vier Kilometer breiten Sperrgebiet zwischen Nord- und Südkorea — eine schlagkräftige Truppe, darauf gedrillt, bei aufflackernden Unruhen sofort einzugreifen.

Rechts: Freizeit-Welten: Jugendlich beim Taekwondo, der koreanische Variante der Selbstverteidigung. Wer's mit der Tradition nicht so genau nahm, orientierte sich schnell am großen amerikanischen Bruder und zog als »Boy Scout« los.

Oben und rechts: Bauboom im Zeichen des Fortschritts: In den vergangenen zwanzig Jahren setzte Südkorea alles daran, den Sprung vom rückständigen Agrarland ins Industriezeitalter zu schaffen — ehrgeizige Autobahnprojekte, Luxushotels nach westlichem Zuschnitt und immer noch ein Hochhaus mehr.

Folgende Doppelseite: Metropole voller Kontraste: Seoul, das während des Koreakriegs in Schutt und Asche fiel, entwickelte sich zu einer der modernsten Städte Asiens: durch das Miteinander von westlichem und traditionellem Lebensstil ohne die typische Großstadtanonymität.

Chacun à son goût: Einkauf in Seoul — mal im keimfreien Ambiente eines Supermarkts, mal auf den Märkten unter freiem Himmel.
Folgende Seiten: Ansichten einer Stadt: asiatisches Flair neben modernem Komfort in Seoul am Han-Fluß, Paläste und Gärten neben einer Glitzershow à la Las Vegas.

114

PHILIPPINEN

Vorhergehende Doppelseite: »Blüten des Meeres«: eine Frau verkauft bizarr-schöne Korallen im Hafen von Zamboanga auf der Philippinen-Insel Mindanao.

Oben: Manilas Wahrzeichen: die als Minibusse verkehrenden Jeepneys in der philippinischen Hauptstadt, die beliebteste, billigste und bequemste Fortbewegungsart auf notorisch verstopften Straßen. Ursprünglich waren es umgebaute Jeeps, die die Amerikaner 1946 zurückgelassen hatten.

Rechts: Wo Allah regiert: Moslem auf Mindanao beim Freitagsgebet der großen Moschee von Cotabat, eine verschworene Minderheit auf d. Philippinen, der einzigen christlich. Nation Asiens.

Vorhergehende Doppelseite: Im Süden der Philippinen: Auf Mindanao konnte sich der Islam teilweise gegen den Einfluß der spanisch-katholischen Kolonisation behaupten. Kein Zufall also, daß nicht eine Frau zu sehen war, als sich einige Moslems am Wasser aufhielten?

Oben und links: Staatsmacht und Rebellen: Als die Philippinen noch auf das Kommando von Ferdinand Marcos hören mußten, präsentierte sich der Diktator in der Militärakademie von Baguio, um den Kadetten ihr Offizierspatent zu überreichen.

Mit den herrschenden Christen lieferten sich Moslem-Rebellen im Süden des Landes blutige Auseinandersetzungen.

Helfer für die Bevölkerung: das Rote Kreuz der Philippinen.

122

INDONESIEN

Ein faszinierendes ethnisches Mosaik: Die meisten Menschen sind malaiischer Abstammung; in vielen Gesichtern spiegelt sich jedoch die Völkervielfalt des Archipel-Staates.
Vorhergehende Seiten: Auf Indonesiens einstiger Trauminsel Bali begruben früher Künstler und Intellektuelle ihren abendländischen Frust — beim Besuch der Tempelfelsen von Tanah Lot, bei einer Fahrt durch die grünglitzernden Reisfelder.

127

inks: Ohne Motor geht es auch: ndlicher Verkehr auf Java — wie lerorten in Indonesien hauptsäch- ch per Pedalkraft.

Oben: Salzgewinnung mit der Methode der Altvordern: Meerwasser auf den Boden schütten und warten, bis es verdunstet.

Folgende Doppelseite: Was für ein Morgen: erste Sonnenstrahlen in Balis Tropenwald und ein sanfter Dunst als Vorbote der schnell hereinbrechenden Hitze des Tages.

Insel der Götter: Im Hindu-Dharma-Glauben der Balinesen halten Götter und Dämonen die Weltordnung im Gleichgewicht, ermöglicht erst das Zusammenwirken von Gut und Böse, von Leben und Tod jede Existenz.
So wurde auch diese Leichenverbrennung — die Befreiung der Seele — als großes Fest gefeiert.

Farbenprächtige Tänze nicht nur als Kulthandlung, sondern auch als heiteres Spiel.

Oben: Musik zu den rituellen Tänzen: ein Gamelan-Orchester, unter anderem mit Gongspielen, Metallphonen und Flöten.

131

Links: Besonders spektakulär: der sogenannte »Affentanz«, bei dem etwa hundert Männer mit rhythmischen Rufen Szenen aus einer alten hinduistischen Sage begleiten.

VIETNAM

orhergehende Doppelseite: Menschen statt Maschinen: Landarbeiterinnen in einem nordvietnamesischen eisfeld. Asiens Grundnahrungsmittel Nummer eins – der Reis – gehört u den ältesten Kulturpflanzen.

Links und oben: Rückblick auf einen grausamen Krieg: In Südvietnam bauten amerikanische Pioniere die Straße Nr. 13 von Saigon nach An Loc und gaben ihr den trügerischen Namen »Straße des Friedens«. – Ungezählte Vietnamesen kehrten bis Mitte der siebziger Jahre als Invaliden nach Saigon zurück. – Die Straße nach Quang Tri, der nördlichsten Stellung der Amerikaner nahe dem 17. Breitengrad, war die Hauptkampflinie.

Folgende Doppelseite: Wie aus alter Zeit: Dschunken im Golf von Tonking am Delta des Roten Flusses in Nordvietnam.

Vietnam zwischen Tradition und Moderne: Exotik auf den Bauernmärkten und die Welt der jungen Generation mit dem amerikanischen »Erbe« der Restaurants und Discos.

Vorhergehende Doppelseite: Traum oder Wirklichkeit? Die Bucht von Ha Long, in geheimnisvolles Dämmerlicht getaucht.

Oben und rechts: In den Alltag zurückgekehrt: Nach den Wirren des Vietnamkriegs normalisierte sich das Leben des seit 1976 wiedervereinten Landes. Busse in Ho-Chi-Minh-Stadt und Fahrrad-Rikschas in Hanoi rollten wieder durch die Straßen.

Oben: In den Garküchen wurde über knappe Lebensmittel und steigende Preise geredet.
In einer Bergwerksgrube nördlich der Ha-Long-Bucht leisteten Frauen schwerste Arbeit.

144

KAMBODSCHA

Vorhergehende Seiten: In Phnom Penh unterwegs: ein buddhistischer Mönch in der Hauptstadt.
Unschuldige Opfer: Hunderttausende der acht Millionen Kambodschaner flüchteten während der Kämpfe in ihrer Heimat in Lager an der thailändischen Grenze — unter ihnen viele Kinder, die nie Frieden kennengelernt hatten.

Oben: Krieg und eine Ahnung von Frieden: Die Roten Khmer, Soldaten des gestürzten Regierungschefs Pol Pot, lieferten sich im Dschungel Guerillakämpfe mit vietnamesischen Einheiten, die nach dem Sieg über das Terrorregime als Besatzungstruppen im Land geblieben waren.

Oben und links: In den ernsten und nachdenklichen Mienen vieler Kambodschaner spiegelte sich die ungewisse Situation, die das Leben hier bestimmte. Längst nicht alle wirkten so gelöst wie die jungen Frauen, die die kriegerischen Auseinandersetzungen fast vergessen ließen.

Vorhergehende Doppelseite: Elend ohne Ende? In den kambodschanischen Flüchtlingslagern im thailändischen Grenzgebiet lebten Frauen und Kinder, Alte und Kriegsverletzte von der Unterstützung internationaler Hilfsorganisationen.

Oben und rechts: Leben im Untergrund: In den Dschungel-Stützpunkten der Roten Khmer fand der Schulunterricht im Freien statt. Wann immer es lohnend schien, pflanzten Frauen Gemüse an, um die Versorgung zu sichern. Die Dörfer wurden nur provisorisch angelegt, so daß jederzeit eine schnelle Flucht möglich war. — Wenn es keine andere Gelegenheit gab, wurde unterwegs auch am Straßenrand gekocht.

Folgende Doppelseite: Hauptstadt Mekong: Vientiane liegt inmitten ausgedehnten Reisfeldern am M lauf des 4500 Kilometer langen kong, der hier die Grenze zum N barstaat Thailand bildet.

LAOS

Vorhergehende Seiten: Heiligtum der Stille: halbverfallene Stufen, die ins Unendliche zu führen scheinen, Blütenblätter, die auf brüchige Steine rieseln – der alte Khmer-Tempel Wat-Phu bei Pakse in Laos.

Oben und rechts: Alltagsleben in Laos: Unterricht in einer Dorfklasse; Wohnhäuser in einem Vorort der Hauptstadt Vientiane; Arbeit auf den Reisfeldern.

160

161

ergehende Doppelseite: Haupt- ohne Autos: Im Gegensatz zu Städten im benachbarten Thai- gehörten die Straßen in Vien- lange Zeit ganz den Fußgängern Radfahrern.

Links und oben: Leben ohne Hektik: Asiatische Gelassenheit bestimmte seit jeher den Tagesrhythmus in den Dörfern von Laos. Neben der Lao-Be- völkerung lebt eine chinesische und vietnamesische Minderheit in Laos.

Folgende Doppelseite: Versunkene Landschaft: Eine unwirklich anmu- tende Szenerie entstand, wenn ir- gendwo ein Stausee gebaut wurde — wie hier der Nam-Ngum-See in Laos, östlich von Vientiane, wo ein ganzer Landstrich in den Fluten unterging.

BURMA

:ergehende Doppelseite: Allge-
:ärtig: Buddha-Statuen in
na. Hier wurden — einer alten
ition folgend — gleich mehrere
ner Figuren gruppiert.

Oben und links: Land der Buddhas und der 1000 Pagoden: In Burma werden Buddha-Figuren aus Metall gegossen, aus Messing oder Bronze. Ein Wachskörper wird mit Ton überzogen und die so entstandene Form mit flüssigem Metall gefüllt, später bekommt die Figur mit Feile und Poliergerät den letzten Schliff.

Am Irrawadi-Fluß, der das Land von Nord nach Süd durchzieht, stehen prachtvolle Heiligtümer mit weithin sichtbaren, glockenförmigen Pagoden — goldglänzende Kuppeln wie in Mandalay als krasser Gegensatz zum bescheidenen Leben anderswo am Flußufer.

170

orhergehende Doppelseite: Geschäfte unter Frauen: burmesische Händlerinnen in Pagan — ein typisches Bild vom Marktgeschehen.

Links und oben: Auf dem Weg zum Tempel: vor dem Eingang riesige Höllenhunde mit dämonischen Fratzen zum Schutz gegen böse Geister.
Auf einem Gang ins Pagodeninnere ein Burmese, der es sich mit einer Zigarre bequem gemacht hat.

THAILAND

174

Vorhergehende Doppelseite: Grenzgänger: Fischerboote im Hafen von Trat, wo sich Thailand im Osten Richtung Kambodscha verabschiedet; ein idealer Ankerplatz für Schmuggler.

Oben und rechts: Stützen der Wirtschaft: Agrarprodukte waren für Thailand auch in der Vergangenheit von großer Bedeutung. Die Wasserstraßen garantierten einen unkomplizierten Transport — bei der richtigen Anbindung zum Beispiel bis zum Schwimmenden Markt in Bangkok.

Oben und rechts: Gemeinschaft der Mönche: der Buddhismus als thailändische Staatsreligion. Viele Mönche sehen ihre Aufgabe allerdings oft nicht nur in der Meditation, sondern sie legen zum Beispiel ein Lehrerexamen ab und unterrichten an kleinen Dorfschulen.

Folgende Seiten: Im »Goldenen Dreieck«: Bei den Meo, einem der Bergstämme an der Grenze zwischen Thailand, Laos und Burma, gilt der prächtige Silberschmuck als Prestigeabzeichen. Teil des Alltags und wichtige Einkommensquelle: das Opium.

Im Abseits: Thailands Hauptstadt Bangkok mit futuristischen Hotels, internationalen Bankfilialen und Amüsieretablissements – nichts für den kleinen Mann auf der Straße. Statt Konsumgütern eine kurze Pause nach harter Arbeit, statt weicher Sessel im komfortablen Bus die tägliche Fahrt in überfüllten und veralteten Verkehrsmitteln.

181

Folgende Doppelseite: Ein Traum von Bangkok: Bei Sonnenuntergang über dem Menam könnte man aus einiger Entfernung fast das abgasverpestete Chaos dieses Stadtmolochs vergessen, sich zurückdenken in eine vergangene Zeit, als hier noch die Residenz der Könige von Siam war, als es noch keine mehrspurigen Asphaltstraßen gab und unzählige Kanäle Bangkok zum Venedig des Ostens machten.

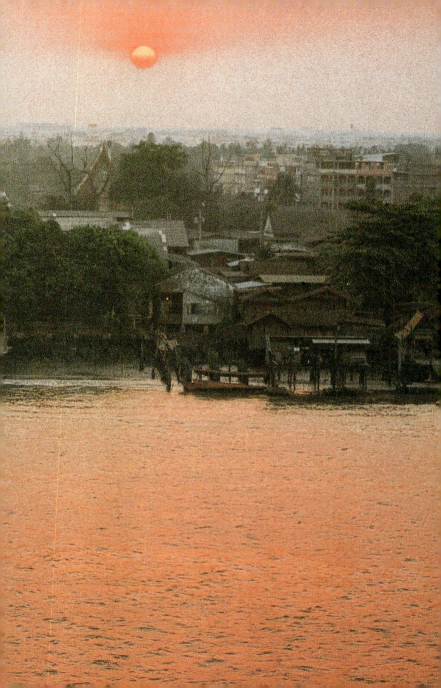

Seite 29: Neuer Anstrich für alte Parolen: eine »sprechende Wand« in der chinesischen Hauptstadt Peking.
Seiten 30/31: Tibet — das »Dach der Welt«: In Lhasa, Hauptstadt dieser autonomen Region Chinas, haben einige kunstvoll geschmückte Altstadthäuser die Attacken der Kulturrevolution überstanden.
Seiten 32/33: In sicherer Obhut: Kinder in einem buddhistischen Waisenhaus der südvietnamesischen Metropole Saigon, heute Ho-Chi-Minh-Stadt.
Seiten 34/35: Im Zeichen des Dämonenglaubens: zeitlose Ursprünglichkeit in den Gassen rund um den Jokhang-Tempel von Lhasa, dem ältesten Heiligtum des Lamaismus. Diese tibetische Form des Buddhismus wurde im 7. Jahrhundert begründet.
Seiten 36/37: Beten zu Buddha: Mönche bei ihrer Andacht im Tempel Wat-Phu bei Pakse in der kommunistischen Volksrepublik Laos.
Seiten 38/39: Morgens in Peking: Radler auf der Chang-an-Avenue, der großen Ost-West-Achse der chinesischen Hauptstadt.
Seiten 40/41: Der Buddhismus lebt auch in China: Das Schriftzeichen an der Wand über dem Landarbeiter bezeichnet den Chan-Buddhismus — eine meditative Richtung, unter dem Namen Zen im Westen bekannter.

NATURWISSENSCHAFTLER DENKEN UM

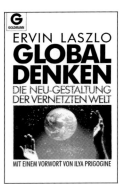

ISBN 3-442-12303-8

ISBN 3-442-11469-1

ISBN 3-442-11460-8

Neue Denkansätze und Weltbilder für das kommende Jahrhundert.

ISBN 3-442-11689-9

GOLDMANN

EIN SIEDLER BUCH BEI GOLDMANN

Eines der erfolgreichsten und wichtigsten politischen Bücher unserer Tage.
Das große politische Buch eines Mannes, dem es nicht um die Schnörkel der Anekdoten, sondern um den Sinn der Geschichte geht.
Einer der erfolgreichsten Sachbuchbestseller der letzten Jahre.
ISBN 3-442-12800-5

Vier der bedeutendsten deutschen Historiker bieten eine einmalige Gesamtschau der deutschen Geschichte.
ISBN 3-442-12807-2

Glanz, Versagen, Schuld und Tragik der deutschen Geschichte des 20. Jahrhunderts.
ISBN 3-442-12808-0

GOLDMANN

WISSENSCHAFTLER DENKEN NEUE WEGE

ISBN 3-442-11689-9   ISBN 3-442-11469-1   ISBN 3-442-11460-8

Ein leidenschaftliches Plädoyer für eine notwendige Neuorientierung von Wirtschaft, Wissenschaft, Kultur und Politik.

ISBN 3-442-12303-8

Denken und Gedächtnis

Kurt Tepperwein
Die ›Kunst‹ mühelosen
Lernens   10459

Alfred Bierach
Wege zu einem Super-
gedächtnis   10360

Tony Buzan
Nichts vergessen!
10385

Malte W. Wilkes
Die Kunst, kreativ zu
denken   10150

Tony Buzan
Kopf-Training
10926

GOLDMANN

GOLDMANN TASCHENBÜCHER

Fordern Sie das kostenlose Gesamtverzeichnis an!

Literatur · Unterhaltung · Bestseller · Lyrik
Frauen heute · Thriller · Biographien
Bücher zu Film und Fernsehen · Kriminalromane
Science-Fiction · Fantasy · Abenteuer · Spiele-Bücher
Lesespaß zum Jubelpreis · Schock · Cartoon · Heiteres
Klassiker mit Erläuterungen · Werkausgaben

****

Sachbücher zu Politik, Gesellschaft,
Zeitgeschichte und Geschichte; zu Wissenschaft,
Natur und Psychologie
Ein Siedler Buch bei Goldmann

****

Esoterik · Magisch reisen

****

Ratgeber zu Psychologie, Lebenshilfe,
Sexualität und Partnerschaft;
zu Ernährung und für die gesunde Küche
Rechtsratgeber für Beruf und Ausbildung

Goldmann Verlag · Neumarkter Str. 18 · 8000 München 80

Bitte senden Sie mir das neue Gesamtverzeichnis.

Name: _____

Straße: _____

PLZ/Ort: _____